INDISCH KOCHEN

Highlights aus Bollywood

Autorin: Cornelia Schinharl | Fotos: Wolfgang Schardt

QUALITÄTS G|U GARANTIE

DIE GU-QUALITÄTS-GARANTIE

Wir möchten Ihnen mit den Informationen und Anregungen in diesem Buch das Leben erleichtern und Sie inspirieren, Neues auszuprobieren. Bei jedem unserer Bücher achten wir auf Aktualität und stellen höchste Ansprüche an Inhalt, Optik und Ausstattung. Alle Rezepte und Informationen werden von unseren Autoren gewissenhaft erstellt und von unseren Redakteuren sorgfältig ausgewählt und mehrfach geprüft. Deshalb bieten wir Ihnen eine 100 %ige Qualitätsgarantie.

Darauf können Sie sich verlassen:
Wir legen Wert darauf, dass unsere Kochbücher zuverlässig und inspirierend zugleich sind.
Wir garantieren:
- dreifach getestete Rezepte
- sicheres Gelingen durch Schritt-für-Schritt-Anleitungen und viele nützliche Tipps
- eine authentische Rezept-Fotografie

Wir möchten für Sie immer besser werden:
Sollten wir mit diesem Buch Ihre Erwartungen nicht erfüllen, lassen Sie es uns bitte wissen! Wir tauschen Ihr Buch jederzeit gegen ein gleichwertiges zum gleichen oder ähnlichen Thema um. Nehmen Sie einfach Kontakt zu unserem Leserservice auf. Die Kontaktdaten unseres Leserservice finden Sie am Ende dieses Buches.

GRÄFE UND UNZER VERLAG
Der erste Ratgeberverlag – seit 1722.

KV

INHALT

TIPPS UND EXTRAS

10 VORSPEISEN

20 VEGETARISCHES

36 FLEISCH, GEFLÜGEL & FISCH

COVER-REZEPT

52 BEILAGEN

Das grüne Blatt bei den Rezepten heißt fleischloser Genuss: Mit diesem Symbol sind alle vegetarischen Gerichte gekennzeichnet.

DIE INDISCHE KÜCHE

Gibt es die überhaupt? Kann ein so gigantisch großes Land eine einzige Küche haben? Nein, kann es nicht, und genau das macht indisches Essen so faszinierend!

IM NORDEN

In Nordindien mit der Hauptstadt Delhi im Zentrum zeigt sich vor allem der Einfluss der muslimisch geprägten Mughlai-Küche. Man liebt cremige, üppig gewürzte Speisen, man kocht mit Mandeln und Cashewkernen, Sahne, Butter und Ghee (siehe S. 9), würzt mit Safran und reicht zum Essen immer Brot. Auch der Tandoor, ein Lehmofen, an dessen Wänden das Fladenbrot Chapati gebacken wird und aus dem das berühmte kräftig rote Tandoori-Hähnchen stammt, kommt von hier.

IM WESTEN

Im Westen findet man sowohl das riesige Mumbai als auch karge Landschaften und Bergregionen. Die Großstadt ist heute vor allem für ihr Streetfood berühmt, etwa für die knusprig frittierten Teigtaschen Samosas, würziges Gemüsepüree auf Brot und Fleisch- oder Fischgerichte. Dazu kommen die Gerichte der Landbevölkerung: Die meisten Hülsenfruchtgerichte der indischen Küche wie Dals oder Bällchen mit Kichererbsenmehl kommen von hier. Und als Beilage gibt es Reis und Brot.

IM OSTEN

Im fruchtbaren Osten liegt Kalkutta. Hier wachsen besonders viel Gemüse und Früchte wie Mangos und Bananen, deren Blätter man auch gern zum Verpacken von z. B. Fisch verwendet. Den Fisch wie auch die Meeresfrüchte dafür liefern die See an der bengalischen Küste sowie die Flüsse im Landesinnern. Gemüse und viel Fisch stehen deshalb im Osten oft auf dem Speiseplan, dazu gibt es fast immer Dal und Reis.

IM SÜDEN

Fast alle Gewürze der indischen Küche hat der Süden in seinem Repertoire: Kardamom, Pfeffer, Zimt, Kurkuma und Ingwer gedeihen hier in der Region Kerala. Die Bewohner kochen dort gern mit Kokosnuss und verwenden reichlich frische Curryblätter, Bockshornklee und schwarze Senfkörner. Als Beilage kommt immer Reis auf den Tisch.

BEILAGENBASICS: BROT, REIS UND CHUTNEY

Reis wächst in Indien hauptsächlich im Süden. Obwohl es dort viele verschiedene Sorten gibt, gilt der feinduftige Basmatireis als einer der besten. Als Beilage und auch für Biryanis haben wir deshalb nur diesen verwendet.

Dünne Fladen – die Chapatis (Rezept siehe S. 55) oder Rotis – kommen bei uns aus der heißen Pfanne. Papadams oder Papadums sind hauchdünne knusprige Linsenfladen, die man fertig kaufen kann und ganz kurz von beiden Seiten in heißem Öl frittiert, bis sich die Fladen wölben. Und Naan, das fluffige Hefebrot, schmeckt pur, mit Schwarzkümmel bestreut oder auch mit flüssiger Butter bestrichen (Rezept siehe S. 54).

Chutneys werden in Indien fast immer frisch zubereitet und zu fast jedem Essen serviert. Sie können wie Marmelade gekocht werden und sind dann wie diese lange haltbar. Oder sie werden aus rohen Zutaten püriert und müssen innerhalb einer Woche aufgebraucht werden. Klassiker sind Chutneys aus Mango, Kokos, frischen Kräutern und Chili oder auch aus Tamarinde und Datteln. Selbst gemachte Chutneys schmecken wesentlich besser als gekaufte aus dem Glas (Rezepte siehe S. 58/59).

ZUTATENBASICS: PANEER UND CO.

Paneer ist ein gepresster Frischkäse aus Kuhmilch, die dafür mit Zitronensaft oder Essig zum Gerinnen gebracht wird. Gekaufter Paneer ist sehr fest und kann gebraten werden, selbst gemacht ist der milde Käse eher weich (Rezept siehe S. 8).

Kichererbsenmehl wird in Indien sowohl für die Zubereitung eines Teiges als Hülle für frittiertes Gemüse verwendet wie auch zum Binden von Bratlingen, die in der Pfanne knusprig gebacken werden, oder von Saucen. Kaufen können Sie das Mehl im Asienladen oder auch im Bioladen.

Mangopulver, das aus unreifen getrockneten Mangos hergestellt wird, verleiht vielen indischen Gerichten eine fruchtige Säure. Leider hält sich das Pulver nur ein paar Wochen frisch – wer also selten indisch kocht, sollte stattdessen besser auf die Schale oder den Saft von Bio-Zitronen bzw. -Limetten ausweichen.

Tamarindenmark schmeckt mild säuerlich, angenehm fruchtig und leicht herb und verleiht indischen Gerichten eine feine Säure. Das Mark der Tamarindenschoten gibt es im Asienladen gepresst und angetrocknet im Block. Es ist mit oder ohne Kerne erhältlich und muss vor der Verwendung in lauwarmem Wasser eingeweicht und dann durch ein Sieb gestrichen werden. Alternativ gibt es im Handel Tamarindenpaste im Glas, die meist Zucker enthält. Pur ist der Geschmack etwas feiner, aber auch die Paste eignet sich gut zum Abschmecken.

FEUERWERK DER GEWÜRZE

Schon mit wenigen Gewürzen im Vorrat sind Sie gut gerüstet. Hier die Favoriten, die Sie für volles Aroma am besten immer erst direkt vor der Verwendung zerkleinern.

1 BOCKSHORNKLEE
Die gelbbraunen, eckigen Samen schmecken leicht bitter, vor allem, wenn man sie zu stark erhitzt. Die indische Küche verwendet auch die Blätter, die bei uns getrocknet in Asienläden erhältlich sind.

2 CURRYBLÄTTER
Sie werden vor allem in Südindien gerrn verwendet – und zwar frisch. Wenn sie einige Zeit garen, kann man sie sogar problemlos mitessen. Bei uns gibt es die frischen Blätter meist nur in größeren Asienläden. Getrocknet hingegen sind sie auch in kleineren Geschäften erhältlich. Man verwendet sie wie die frischen, kann die Menge wegen des weniger intensiven Aromas aber leicht erhöhen.

3 GEWÜRZNELKEN
Gewürznelken kommen oft im Ganzen an die Gerichte und werden später einfach nicht mitgegessen. Für ein intensiveres Aroma die Nelken mit anderen Gewürzen in einer Pfanne ohne Fett anrösten und anschließend im Mörser zerkleinern.

4 KARDAMOM
Vor allem die kleineren grünen, gelegentlich aber auch die großen schwarzen Kapseln werden in indischen Gerichten verwendet. Man quetscht die Kapseln leicht an, gart sie im Ganzen mit und entfernt sie anschließend wieder. Alternativ werden die Kapseln aufgebrochen, die Samen herausgelöst und mitgegart.

5 KORIANDER
Sowohl die Samen als auch das Kraut kommen in indische Gerichte. Die Samen schmecken aromatischer, wenn sie leicht angeröstet und im Mörser zerkleinert werden. Das frische Grün kommt gehackt an die fertigen Speisen.

6 KREUZKÜMMEL (CUMIN)
Die länglichen Samen ähneln in der Form unserem Kümmel, schmecken aber ganz anders. Ihr kräftiges Aroma kommt ebenfalls am besten durch Rösten und Zerkleinern im Mörser zur Geltung.

7 KURKUMA
Die Wurzelknolle des Gewächses aus der Ingwerfamilie hat einen erdigen und leicht bitteren Geschmack. In der indischen Küche wird sehr häufig das Pulver der getrockneten Knolle verwendet, vor allem, weil es die Gerichte schön gelb färbt.

8 SENFKÖRNER
In Indien werden vor allem die schwarzen oder braunen Senfkörner verwendet, die schärfer sind als die gelben. Durch Mahlen oder Rösten in Öl bekommen die Samen mehr Aroma. Nicht zu stark erhitzen, da die Samen dann bitter schmecken!

9 ZIMT
Zimt ist die getrocknete Rinde des Zimtbaums, die es als grobe Stücke, Stangen oder Pulver gibt. Als Sorte mit dem feinsten Aroma gilt Ceylon-Zimt.

6
5
4
9
2
1
3
8
7

PANEER SELBER MACHEN

2 l Milch | 6 EL Zitronensaft

Für ca. 250 g | 30 Min. Zubereitung | 30 Min. Abtropfen | 4–5 Std. Fest werden lassen | Pro 100 g ca. 520 kcal, 26 g EW, 28 g F, 39 g KH

1 Die Milch in einen Topf gießen und zum Kochen bringen. Dabei zwischendurch immer wieder durchrühren, damit die Milch nicht am Topfboden anbrennt.

2 Den Zitronensaft einrühren. Alles weiter erhitzen, bis die Milch stockt und sich eine grünliche Flüssigkeit (Molke) bildet. Noch kurz weiterrühren.

3 Ein Sieb mit einem feuchten Küchentuch auslegen. Die Molke mit der gestockten Milch hineingießen und einige Sekunden kaltes Wasser darüberlaufen lassen.

4 Die Tuchecken über der Masse zusammenfassen, das Tuch anheben und die Molke möglichst gut ablaufen lassen. Quark im Tuch ca. 30 Min. abtropfen lassen.

5 Die Masse im Tuch ca. 1 cm dick verteilen, auf ein Brett legen und mit dem Tuch abdecken. Ein Brett mit einem Gewicht darauflegen. 4–5 Std. fest werden lassen.

TIPP

Selbst gemachter Paneer ist weicher und feiner als gekaufter. Gekaufter ist so fest, dass man ihn in Würfel geschnitten auch sehr gut in der Pfane anbraten oder grillen kann – selbst gemachten Paneer sollten Sie besser in einer Sauce warm werden lassen.

GEWÜRZBASICS SELBER MACHEN

Für alle, die ihr Faible fürs Indischkochen entdeckt haben, lohnt sich das Selbermachen von häufig benötigten Basiszutaten. Garam Masala, Ghee und Tamarindenpaste lassen sich schnell für den baldigen Verbrauch oder für den Vorrat herstellen.

GARAM MASALA

Masala heißt übersetzt eigentlich nichts anderes als Mischung. Und die macht man sich in Indien am liebsten selber. Wir auch: Die Samen aus 1 EL grünen Kardamomkapseln herauslösen und zusammen mit je 1 EL Kreuzkümmel- und Koriandersamen, ½ Zimtstange sowie je 1 TL schwarzen Pfefferkörnern, Fenchelsamen und Gewürznelken in einer Pfanne ohne Fett leicht anrösten. Dann im Mörser oder in der Gewürzmühle fein mahlen. In ein Twist-off-Glas füllen und bald aufbrauchen. Auch zum Nachwürzen mit auf den Tisch stellen!

GHEE

Ghee, geklärte Butter, gibt es im Asien- oder Bioladen, dort auch auf pflanzlicher Basis aus Kokosfett. Der große Vorteil: Geklärte Butter verbrennt nicht, man kann sie also gut zum Braten nehmen und hat doch den feinen Buttergeschmack. Ersatzweise gehen auch Butterschmalz oder Öl, die aber weniger Aroma haben. Ghee kann man leicht selber machen: Für ca. 450 g Ghee 500 g Butter würfeln und in einem Topf bei schwacher Hitze unter ständigem Rühren zerlassen. Die Butter darf nicht braun werden! Die Butter nun leicht schäumend bei schwacher Hitze 30 Min. köcheln lassen. Dann durch ein sauberes Tuch in ein Twist-off-Glas abgießen und abkühlen lassen. Im Kühlschrank ist das Ghee mind. 3 Monate haltbar.

TAMARINDENPASTE

Die Paste aus den Fruchtschoten des Tamarindenbaumes gibt es in Gläsern in Asienläden zu kaufen, doch sie ist immer mehr oder weniger süß. Besser schmeckt sie selbst gemacht aus Tamarindenmark, das zu Blöcken gepresst in Asienläden erhältlich ist: 150 g gepresste Tamarinde in einer Schüssel mit 300 ml heißem Wasser bedecken und dann mind. 30 Min. quellen lassen. In einem Topf erhitzen und bei schwacher Hitze ca. 15 Min. köcheln lassen. Durch ein Sieb passieren und in ein Twist-off-Glas füllen. Im Kühlschrank hält sich die Paste ca. 4 Wochen. Tamarindenpaste aus dem Asienladen ist meist gezuckert und daher länger haltbar.

VORSPEISEN

Saftige Samosas, aromatische Pakoras oder knusprige Kartoffelküchlein lassen sich Inder am liebsten zwischendurch als Streetfood schmecken, das es wie bei uns die Currywurst mit Pommes als Imbiss zu kaufen gibt. Wir genießen die indischen Kleinigkeiten lieber in Ruhe als Starter für eine gemütliche Mahlzeit.

PAKORAS

Servieren Sie das frittierte Gemüse als Fingerfood zum Dippen – da werden auch Kinder begeistert zugreifen, die sonst um Blumenkohl einen großen Bogen machen.

½ TL Fenchelsamen
200 g Kichererbsenmehl (aus dem Asien- oder Bioladen)
1 Prise Backpulver
¼ TL Chilipulver
Salz
300 g Blumenkohl
2 Zwiebeln
1 l Öl zum Frittieren
Chutney zum Servieren (nach Belieben, z. B. Mango- oder Tamarinden-Dattel-Chutney, siehe S. 59)
Raita zum Servieren (nach Belieben; siehe S. 18)

Gemüseklassiker

Für 4 Personen | 35 Min. Zubereitung
Pro Portion ca. 290 kcal, 13 g EW, 12 g F, 31 g KH

1 Die Fenchelsamen in einer Pfanne ohne Fett leicht anrösten, bis sie würzig duften. Im Mörser so fein wie möglich zerstoßen und mit Kichererbsenmehl, Backpulver, Chilipulver und ½ TL Salz in einer Schüssel mischen. Nach und nach mit ca. 300 ml kaltem Wasser zu einem glatten, pfannkuchenähnlichen Teig verrühren.

2 Den Blumenkohl putzen, waschen und in Röschen teilen. Die Zwiebeln schälen und längs achteln, sodass die Spalten am Wurzelansatz jeweils noch zusammenhalten.

3 Das Öl in einem Topf erhitzen. Es ist heiß genug, wenn an einem hineingehaltenen Holzkochlöffelstiel Bläschen aufsteigen. Den Teig nochmals durchrühren. Das Gemüse mithilfe einer Gabel portionsweise durch den Teig ziehen und dann im Öl in ca. 3–4 Min. rundum braun ausbacken.

4 Fertige Pakoras mit dem Schaumlöffel aus dem Topf heben, kurz abtropfen lassen und auf Küchenpapier entfetten. Nach Belieben mit Chutney oder Raita servieren.

TIPP

In Kichererbsenmehlteig ausgebackene Gemüsestücke sind eine beliebte indische Vorspeise. Statt Blumenkohl und Zwiebeln können Sie auch Auberginen, Kartoffeln oder festen Paneer mit Teig umhüllen und ausbacken.

KNUSPRIGE KARTOFFELTALER

500 g vorwiegend festkochende Kartoffeln | 1 großes Bund Koriandergrün | 1 Stück Ingwer (10 g) | 1 grüne Chilischote | 50 g Paneer (siehe S. 8) | 2 EL Kokosraspel | Salz | 3 EL Kichererbsenmehl (aus dem Asien- oder Bioladen) | ½ TL Kurkumapulver | 1 TL Garam Masala (siehe S. 9) | 4 EL Ghee (siehe S. 9; ersatzweise neutrales Öl)

Streetfood aus Delhi

Für 4 Personen | 55 Min. Zubereitung
Pro Portion ca. 260 kcal, 7 g EW, 16 g F, 20 g KH

1 Die Kartoffeln waschen und in der Schale in Wasser weich kochen. Abgießen, noch warm pellen, durch die Kartoffelpresse drücken und abkühlen lassen. Inzwischen das Koriandergrün waschen und trocken schütteln, die Blätter abzupfen und fein hacken. Den Ingwer schälen und fein hacken. Die Chilischote waschen, vom Stielansatz befreien und mitsamt Kernen fein schneiden. Den Paneer fein raspeln oder mit der Gabel zerdrücken und mit Koriander, der Hälfte des Ingwers, Chili und den Kokosraspeln mischen. Mit Salz abschmecken.

2 Die Kartoffeln mit restlichem Ingwer, Kichererbsenmehl, Kurkuma und Garam Masala verkneten. Die Masse mit Salz abschmecken. Den Teig in 8 Portionen teilen. Jede Portion zu einer Kugel formen, jeweils eine Mulde in die Mitte drücken und 2 TL Füllung hineingeben. Den Teig über der Füllung schließen und die Stücke flach drücken.

3 Das Ghee in einer großen Pfanne erhitzen. Die Kartoffeltaler darin bei mittlerer Hitze in ca. 10 Min. beidseitig knusprig und goldbraun braten. Die Kartoffeltaler aus der Pfanne nehmen und auf Küchenpapier entfetten.

WÜRZIGES GEMÜSEPÜREE

1 festkochende Kartoffel (ca. 150 g) | 300 g Blumenkohl | Salz | 1 große Zwiebel | 2 Knoblauchzehen | 1 Stück Ingwer (15 g) | 1 rote Paprikaschote | 3 Tomaten | 50 g Butter | 1 TL gemahlener Koriander | 1 TL gemahlener Kreuzkümmel | 1 TL rosenscharfes Paprikapulver | ½ Bund Koriandergrün | 1 rote Zwiebel | ½ TL Mangopulver (ersatzweise abgeriebene Schale und 1 TL Saft von ½ Bio-Limette)

Warm-Starter

Für 4 Personen | 45 Min. Zubereitung
Pro Portion ca. 160 kcal, 3 g EW, 11 g F, 11 g KH

1 Kartoffel schälen und würfeln. Blumenkohl putzen, waschen, in Röschen teilen. Beides in kochendem Salzwasser in ca. 10 Min. weich garen. In ein Sieb abgießen, dabei das Kochwasser auffangen. Zwiebel, Knoblauch sowie Ingwer schälen und fein hacken. Paprikaschote längs halbieren, entkernen, waschen und klein würfeln. Tomaten waschen und ohne Stielansätze klein würfeln.

2 In einem Topf 1 EL Butter zerlassen. Zwiebel, Knoblauch und Ingwer darin bei mittlerer Hitze unter Rühren ca. 5 Min. dünsten. Paprika und Tomaten ca. 10 Min. mitgaren. Kartoffel, Blumenkohl, gemahlenen Koriander, Kreuzkümmel und Paprikapulver dazugeben und 2–3 Min. weiterbraten. Ca. 75 ml Gemüsekochwasser unterrühren. Alles mit dem Kartoffelstampfer fein zerdrücken.

3 Koriandergrün waschen und trocken schütteln, Blätter abzupfen und hacken. Rote Zwiebel schälen und fein hacken. Restliche Butter würfeln und unter das Püree ziehen. Mit Mangopulver sowie Salz abschmecken und mit Koriander sowie Zwiebel bestreuen. Passt zu Lammschulter (siehe S. 45).

SAMOSAS

Die knusprig frittierten Teigtaschen schmecken am besten ganz frisch und noch richtig heiß. Die ideale Ergänzung: Joghurt, grünes Chutney oder Raita.

Für den Teig:
40 g Ghee (siehe S. 9)
250 g Mehl (Type 405)
Salz
Für die Füllung:
1 Zwiebel
4 Knoblauchzehen
1 Stück Ingwer (10 g)
1 grüne Chilischote
1 EL Ghee (siehe S. 9)
400 g Lammhackfleisch (ersatzweise Rinderhackfleisch)
½ TL Kurkumapulver
2 TL Garam Masala (siehe S. 9)
Salz
1 großes Bund Koriandergrün
Außerdem:
Mehl zum Arbeiten
¾ l Öl zum Frittieren

Überraschungspäckchen

Für 16 Stück | 1 Std. Zubereitung
Pro Stück ca. 180 kcal,
7 g EW, 11 g F, 12 g KH

1 Für den Teig das Ghee in einem Topf zerlassen. Dann in einer Schüssel mit Mehl und 1 TL Salz mischen. Nach und nach mit 10–12 EL kaltem Wasser zu einem glatten Teig verkneten. Mit einem Tuch bedeckt ca. 30 Min. ruhen lassen.

2 Inzwischen für die Füllung die Zwiebel schälen und klein würfeln. Knoblauch sowie Ingwer schälen und hacken. Chilischote waschen, vom Stielansatz befreien und mit Kernen fein hacken. Knoblauch mit Ingwer und Chili im Mörser fein zerdrücken.

3 Das Ghee in einer Pfanne zerlassen und die Zwiebel darin unter Rühren bei mittlerer Hitze ca. 10 Min. braten. Die Knoblauchpaste dazugeben und alles 2–3 Min. weiterbraten. Das Hackfleisch hinzufügen und braten, bis es krümelig und nicht mehr rot ist. Kurkuma und Garam Masala unterrühren. Mit Salz abschmecken. Das Koriandergrün waschen und trocken schütteln. Die Blätter abzupfen, fein hacken und untermischen.

4 Den Teig in 8 Portionen teilen. Jede Portion zu einer Kugel formen und auf wenig Mehl zu einem Kreis von ca. 20 cm Ø ausrollen. Die Kreise halbieren (Bild 1). Die Hälften zu Trichtern formen (Bild 2) und dabei jeweils die Naht andrücken. Jeden Trichter mit 2–3 TL Hackmasse füllen (Bild 3) und den oberen Teigrand gut zusammendrücken.

5 Das Öl zum Frittieren in einem Topf erhitzen. Es ist heiß genug, wenn an einem hineingehaltenen Holzkochlöffelstiel Bläschen aufsteigen. Die Samosas darin portionsweise in ca. 3 Min. rundum goldbraun frittieren. Mit einem Schaumlöffel herausheben, kurz abtropfen lassen und auf Küchenpapier entfetten.

1

2

3

GURKEN-RAITA

1 Salatgurke | 1 kleines Bund Minze | 300 g Joghurt | 1 TL neutrales Öl | ½ TL gemahlener Kreuzkümmel | Cayennepfeffer | Salz | edelsüßes Paprikapulver

Am besten immer dabei!

Für 4 Personen | 20 Min. Zubereitung | 1 Std. Kühlen
Pro Portion ca. 75 kcal, 4 g EW, 4 g F, 6 g KH

1 Die Gurke schälen und längs halbieren. Die Hälften mit einem Löffel entkernen und sehr klein würfeln. Die Minze waschen und trocken schütteln, die Blätter abzupfen und fein hacken.

2 Den Joghurt mit dem Öl in einer Schüssel verrühren. Die Gurkenwürfel und die Minze untermischen. Mit Kreuzkümmel, 1 Prise Cayennepfeffer und Salz abschmecken. Die Raita zugedeckt ca. 1 Stunde kühl stellen.

3 Vor dem Servieren nochmals gut durchrühren und mit Salz sowie Cayennepfeffer abschmecken. Mit etwas Paprikapulver bestreut servieren.

AUBERGINEN-RAITA

1 Aubergine (ca. 300 g) | 2 EL neutrales Öl | Salz | Chilipulver | 1 kleine Tomate | 300 g Joghurt | 1 TL Kreuzkümmelsamen | 1 TL Korianderkörner

Fruchtiger Begleiter

Für 4 Personen | 30 Min. Zubereitung | 1 Std. Kühlen
Pro Portion ca. 110 kcal, 4 g EW, 8 g F, 6 g KH

1 Die Aubergine waschen und in kleine Würfel schneiden, dabei den Stielansatz entfernen. Das Öl in einer Pfanne erhitzen und die Auberginenwürfel darin bei mittlerer Hitze und unter Rühren in 8–10 Min. braun braten. Mit Salz sowie 1 Prise Chilipulver würzen und abkühlen lassen.

2 Die Tomate waschen, ohne Stielansatz klein würfeln und mit Joghurt und Aubergine verrühren. Kreuzkümmel und Koriander in einer Pfanne ohne Fett leicht rösten und im Mörser grob zerstoßen. Je nach Geschmack unter den Joghurt rühren. Mit Salz abschmecken. Die Raita ca. 1 Std. kühl stellen. Passt gut zu Naan-Brot (siehe S. 54).

KACHUMBER

2 Schalotten | 1 Stück Salatgurke (ca. 100 g) | 4 Tomaten | ½ Bund Koriandergrün | 1 kleine grüne Chilischote | 1 EL Zitronensaft | 2 TL neutrales Öl | Salz

Klassische Salatspezialiät

Für 4 Personen | 20 Min. Zubereitung
Pro Portion ca. 45 kcal, 1 g EW, 3 g F, 3 g KH

1 Die Schalotten schälen und so fein wie möglich hacken. Die Gurke schälen und sehr klein schneiden. Die Tomaten waschen und sehr klein würfeln, dabei jeweils den Stielansatz entfernen.

2 Den Koriander waschen und trocken schütteln, die Blätter abzupfen. Die Chilischote waschen, vom Stielansatz befreien und mitsamt den Kernen sowie dem Koriander sehr fein hacken.

3 Schalotten, Gurke, Tomaten und Koriandermischung mit dem Zitronensaft sowie dem Öl verrühren. Kachumber mit Salz abschmecken. Passt gut zu Fleisch und Fisch, aber auch zu Gemüsepüree (siehe S. 15) und Naan-Brot (siehe S. 54).

KICHERERBSENSALAT

1 Dose Kichererbsen (240 g Abtropfgewicht) | 2 kleine rote Zwiebeln | Salz | 6 Stiele Koriandergrün | 2 EL neutrales Öl | 1 EL Tamarindenpaste (siehe S. 9) | ¼ TL Chilipulver | 1 Prise Zucker | ½ Granatapfel

Ballaststoffe vorweg

Für 4 Personen | 40 Min. Zubereitung
Pro Portion ca. 105 kcal, 3 g EW, 6 g F, 10 g KH

1 Kichererbsen in ein Sieb abgießen, kalt abbrausen und abtropfen lassen. Zwiebeln schälen und sehr fein würfeln. Zwiebelwürfel in einer Schüssel mit 1 TL Salz mischen und mind. 10 Min. ziehen lassen. Inzwischen Koriander waschen und trocken schütteln, Blätter abzupfen und fein hacken. Öl mit Tamarindenpaste, Chilipulver und Zucker verrühren. Mit Salz abschmecken.

2 Kichererbsen, Koriander und Tamarindenmischung zu den Zwiebeln geben. Alles gut durchrühren und mit Salz abschmecken. Die Granatapfelhälfte in Stücke brechen, die Kerne herauslösen und unter den Salat mischen.

POLY-GUARDS

VEGETARISCHES

Nirgendwo auf der ganzen Welt leben so viele Vegetarier wie in Indien. Kein Wunder also, dass man sich in dem riesigen Land eine ganze Menge hat einfallen lassen, damit Fleisch und Fisch gar nicht erst vermisst werden – einfach köstlich, was da mit Gemüse, Hülsenfrüchten und Paneer in den Töpfen und Pfannen schmort!

GEMÜSE-PANEER-BÄLLCHEN IN JOGHURTCURRY

Saftige Bällchen aus Gemüse und indischem Frischkäse in feinsäuerlicher Sauce – das ist vegetarische Küche vom Feinsten, die jedem Sonntagsbraten Konkurrenz macht!

Für die Bällchen:
375 g Blumenkohl
250 g vorwiegend festkochende Kartoffeln
Salz
1 Bund Koriandergrün
1 Stück Ingwer (10 g)
1 grüne Chilischote
100 g Paneer (siehe S. 8)
70 g Kichererbsenmehl (aus dem Asien- oder Bioladen)
1 TL Garam Masala (siehe S. 9)
3/4 l Öl zum Frittieren
Für die Sauce:
50 g Cashewkerne
1 Zwiebel
2 EL neutrales Öl
1 TL Kurkumapulver
500 g Joghurt

Festlich aufgetischt

Für 4 Personen | 1 Std. Zubereitung
Pro Portion ca. 505 kcal, 20 g EW, 32 g F, 31 g KH

1 Für die Bällchen den Blumenkohl putzen, waschen und in Röschen teilen. Die Kartoffeln schälen und würfeln. Beides zusammen in einem Topf in Salzwasser in ca. 10 Min. weich kochen. In ein Sieb abgießen und gut abtropfen lassen. Dann durch die Kartoffelpresse drücken und abkühlen lassen.

2 Den Koriander waschen und trocken schütteln, die Blätter abzupfen. Die Hälfte der Blätter grob hacken, die restlichen beiseitelegen. Den Ingwer schälen und hacken. Die Chilischote waschen, vom Stielansatz befreien und mitsamt den Kernen hacken. Den Paneer in Würfel schneiden und mit gehacktem Koriander, Ingwer und Chili mit dem Stabmixer fein pürieren. Paneermischung mit Kartoffelmasse, Kichererbsenmehl und Garam Masala vermengen. Die Masse mit Salz abschmecken und mit den Händen zu tischtennisballgroßen Kugeln formen.

3 Für die Sauce die Cashewkerne fein mahlen. Die Zwiebel schälen und sehr fein würfeln. Das Öl in einem weiten Topf erhitzen. Cashewkerne und Zwiebel darin bei mittlerer Hitze unter Rühren ca. 10 Min. braten. Kurkumapulver dazugeben und kurz mitbraten. Den Joghurt und 150 ml Wasser angießen. Die Sauce offen unter gelegentlichem Umrühren ca. 10 Min. köcheln lassen.

4 Inzwischen das Öl zum Frittieren in einem Topf erhitzen und die Bällchen darin nach und nach portionsweise rundum goldbraun frittieren. Fertige Bällchen mit dem Schaumlöffel aus dem Topf heben, gut abtropfen lassen und auf Küchenpapier entfetten. Auf einer Platte verteilen und mit Sauce überziehen. Die beiseitegelegten Korianderblätter grob schneiden und daraufstreuen. Sofort servieren.

ROTE-LINSEN-DAL MIT TOMATE

1 Stück Ingwer (10 g) | 1 Knoblauchzehe | 1 rote Chilischote | 1 EL neutrales Öl | ½ TL Bockshornkleesamen | 200 g rote Linsen (ersatzweise gelbe Linsen) | 1 TL Kurkumapulver | ½ TL gemahlener Koriander | 1 große Tomate (ersatzweise 100 g gehackte Tomaten aus der Dose) | 1 EL Limettensaft | Salz

Fruchtiger Klassiker

Für 4 Personen | 25 Min. Zubereitung
Pro Portion ca. 205 kcal, 14 g EW, 3 g F, 30 g KH

1 Den Ingwer und den Knoblauch schälen und sehr fein hacken. Die Chilischote waschen, vom Stielansatz befreien und mitsamt den Kernen ebenfalls sehr fein hacken. Alles vermengen.

2 Das Öl in einem Topf erhitzen und die Ingwermischung mit dem Bockshornklee darin andünsten. Linsen, Kurkuma und Koriander dazugeben. 600 ml Wasser angießen und alles zugedeckt bei schwacher Hitze ca. 15 Min. garen, bis die Linsen weich sind.

3 Inzwischen die Tomate überbrühen, häuten, in sehr kleine Würfel schneiden und unter die Linsen rühren. Alles noch einmal kräftig aufkochen. Das Dal mit dem Limettensaft und Salz abschmecken. Dazu schmeckt besonders gut Reis, Naan-Brot (siehe S. 54) oder Raita (siehe S. 18).

TIPP

Dal bedeutet nichts anderes als Hülsenfrüchte. Neben roten oder gelben Linsen können Sie für das Gericht auch halbierte geschälte Kichererbsen oder Mungobohnen verwenden, die ebenfalls schnell garen. Die halbierten Hülsenfrüchte gibt es im Asienladen.

MUNG DAL MIT ROSINEN

½ Aubergine (ca. 150 g) | 1 rote Paprikaschote | 1 Zwiebel | 1 Stück Ingwer (10 g) | 1 kleine rote Chilischote | 1 EL Curryblätter | 1 EL neutrales Öl | 2 TL Kreuzkümmelsamen | 1 TL Garam Masala (siehe S. 9) | 250 g Mung Dal (halbierte geschälte Mungobohnen; aus dem Asienladen) | 2 EL Rosinen | 1 ½ EL Ghee (siehe S. 9) | 4 EL Kokosraspel | Salz

Hülsenfrucht-Power

Für 4 Personen | 35 Min. Zubereitung | 30 Min. Garen
Pro Portion ca. 240 kcal, 16 g EW, 4 g F, 36 g KH

1 Die Aubergine waschen, putzen und klein würfeln. Die Paprikaschote längs halbieren, entkernen, waschen und klein würfeln. Die Zwiebel sowie den Ingwer schälen und klein würfeln. Die Chilischote waschen, vom Stielansatz befreien und mitsamt den Kernen fein hacken. Die Curryblätter in sehr feine Streifen schneiden.

2 Das Öl in einem Topf erhitzen und die Zwiebel darin bei mittlerer Hitze unter Rühren ca. 5 Min. andünsten. Aubergine, Paprika, Ingwer, Chili sowie Curryblätter dazugeben und ca. 5 Min. mit andünsten. Die Kreuzkümmelsamen und das Garam Masala dazugeben und kurz mit anbraten. Mung Dal, Rosinen und 750 ml Wasser hinzufügen und unterrühren. Alles zum Kochen bringen und zugedeckt bei mittlerer Hitze ca. 30 Min. garen, bis die Mungobohnen weich sind.

3 Ghee in einer Pfanne erhitzen und die Kokosraspel darin unter Rühren leicht braun braten. Das Dal mit Salz abschmecken und in tiefe Teller verteilen. Mit den gerösteten Kokosraspeln bestreut servieren. Dazu passt besonders gut Basmatireis.

GEMÜSE-BIRYANI

Ein Biryani ist ein festliches Essen, für das fein gewürzter Basmatireis und Gemüse oder Fleisch schichtweise in einen Bräter gefüllt und dann im Ofen gebacken werden.

250 g Basmatireis
1 Döschen Safranfäden (0,1 g)
2 festkochende Kartoffeln
2 Möhren
400 g Blumenkohl
40 g gehäutete Mandeln (ersatzweise Cashewkerne)
3 große Zwiebeln
4 Knoblauchzehen
1 Stück Ingwer (15 g)
3 EL Ghee (siehe S. 9)
4 grüne Kardamomkapseln (angedrückt)
1 Zimtstange
250 g Joghurt
Salz
100 g TK-Erbsen
2 EL Rosinen
1 Bund Koriandergrün
2 EL gehackte Pistazienkerne

Perfekt vorzubereiten

Für 4–6 Personen | 1 Std. 30 Min. Zubereitung | 30 Min. Backen
Pro Portion ca. 360 kcal, 11 g EW, 12 g F, 49 g KH

1 Den Reis mit Wasser bedecken und 30 Min. quellen lassen. Den Safran mit 4 EL heißem Wasser verrühren und ziehen lassen. Die Kartoffeln und die Möhren schälen und ca. 1 cm groß würfeln. Den Blumenkohl putzen, waschen und in kleine Röschen teilen. Die Mandeln fein mahlen. 2 Zwiebeln, den Knoblauch sowie den Ingwer schälen und sehr fein hacken.

2 In einem Topf 2 EL Ghee erhitzen. Die Zwiebeln darin bei mittlerer Hitze ca. 10 Min. unter Rühren andünsten. Knoblauch und Ingwer kurz mitbraten. Kardamom sowie Zimt dazugeben und alles 1–2 Min. weiterbraten. Mandeln, Joghurt und 150 ml Wasser hinzufügen. Aufkochen und mit Salz würzen. Kartoffeln, Möhren, Blumenkohl und gefrorene Erbsen unterrühren. Zugedeckt bei mittlerer Hitze in ca. 8 Min. knapp bissfest garen.

3 Inzwischen den Reis abtropfen lassen. Reichlich Wasser aufkochen, salzen und den Reis darin ca. 5 Min. garen. In ein Sieb abgießen, kurz abtropfen lassen und mit Safranwasser sowie Rosinen mischen. Den Koriander waschen und trocken schütteln, die Blätter abzupfen. Einige Blätter beiseitelegen, die übrigen fein hacken und unter das Gemüse mischen. Mit Salz abschmecken.

4 Den Backofen auf 200° vorheizen. Die Hälfte des Gemüses in einen Bräter mit Deckel füllen. Die Hälfte des Reises daraufgeben und mit dem restlichen Gemüse bedecken. Restlichen Reis darauf verteilen. Den Bräter mit dem Deckel verschließen und das Biryani im Ofen (Mitte) ca. 30 Min. backen.

5 Inzwischen die übrige Zwiebel schälen und in sehr feine Ringe schneiden. Das restliche Ghee in einem Topf erhitzen. Die Zwiebel darin zunächst bei mittlerer Hitze weich dünsten, dann bei starker Hitze goldbraun braten und dann salzen. Biryani mit Zwiebelringen, Pistazien und Korianderblättern bestreuen.

BUTTER-LINSENBOHNEN

250 g Urad Dal (schwarze Linsenbohnen) | 2 Zwiebeln | 4 Knoblauchzehen | 1 Stück Ingwer (20 g) | 500 g Tomaten | ½ Bund Minze (nach Belieben) | 60 g Butter | Salz | 1 TL Chilipulver | 50 g Sahne | Garam Masala (siehe S. 9)

Köstlich zu Fleisch und Gemüse

Für 4 Personen | 25 Min. Zubereitung | 8 Std. Einweichen | 2 Std. 45 Min. Garen
Pro Portion ca. 400 kcal, 17 g EW, 18 g F, 43 g KH

1 Urad Dal in einer Schüssel mit Wasser bedeckt mind. 8 Std. einweichen. In ein Sieb abgießen. In einem Topf mit frischem Wasser bedeckt zum Kochen bringen und mit halb aufgelegtem Deckel bei schwacher Hitze in ca. 2 Std. weich köcheln.

2 Inzwischen die Zwiebeln schälen, vierteln und in feine Streifen schneiden. Knoblauch und Ingwer schälen, würfeln und im Mörser fein zerdrücken. Die Tomaten überbrühen, häuten und würfeln. Nach Belieben die Minze waschen, trocken schütteln, die Blätter abzupfen und grob hacken.

3 Die Hälfte der Butter in einem Topf zerlassen und die Zwiebeln darin bei mittlerer Hitze unter Rühren in ca. 10 Min. goldgelb andünsten. Die Knoblauchpaste dazugeben und kurz mitdünsten. Die Tomaten hinzufügen, alles salzen und offen ca. 15 Min. köcheln lassen.

4 Urad Dal abtropfen lassen, mit 100 ml Wasser zur Tomatensauce geben, mit Salz und Chilipulver abschmecken. Zugedeckt ca. 45 Min. weitergaren, bis die Linsen fast zerfallen. Ab und zu umrühren, bei Bedarf Wasser nachgießen. Sahne und restliche Butter unterziehen, mit Salz abschmecken. Mit Garam Masala und evtl. mit Minze bestreuen.

KICHERERBSEN IN TAMARINDENSAUCE

200 g getrocknete Kichererbsen | 50 g Tamarindenmark (ohne Kerne) | 3 Zwiebeln (ca. 150 g) | 1 Stück Ingwer (10 g) | 2 Knoblauchzehen | 1 grüne Chilischote | 4 EL neutrales Öl | 1 EL gemahlener Kreuzkümmel | 1 EL gemahlener Koriander | 1 EL brauner Zucker | 200 g gehackte Tomaten (aus der Dose) | 100 g Joghurt | Salz

Mit feinsäuerlicher Note

Für 4 Personen | 50 Min. Zubereitung | 8 Std. Einweichen | 1 Std. 30 Min. Kochen
Pro Portion ca. 325 kcal, 12 g EW, 14 g F, 39 g KH

1 Kichererbsen mit Wasser bedeckt ca. 8 Std. einweichen. In ein Sieb abgießen. In einem Topf mit frischem Wasser bedeckt zum Kochen bringen und mit halb aufgelegtem Deckel bei mittlerer Hitze in ca. 1½ Std. nicht zu weich kochen. Tamarinde in 200 ml heißem Wasser ca. 30 Min. einweichen.

2 Kichererbsen in ein Sieb abgießen. Tamarinde durch ein Sieb in eine Schüssel streichen. 2 Zwiebeln schälen, in feine Streifen schneiden. Ingwer und Knoblauch schälen und hacken. Chilischote waschen und ohne Stielansatz hacken. Ingwer mit Knoblauch und Chili im Mörser fein zerreiben.

3 In einem Topf 3 EL Öl erhitzen. Zwiebelstreifen darin bei mittlerer Hitze unter Rühren 10 Min. dünsten. Ingwerpaste kurz mitdünsten. Kreuzkümmel, Koriander, Zucker, Tomaten, Joghurt und Tamarinde unterrühren. Mit Salz würzen. Unter gelegentlichem Rühren offen ca. 10 Min. köcheln lassen. Kichererbsen unterrühren und ca. 10 Min. weiterköcheln. Übrige Zwiebel schälen, in feine Ringe schneiden und in einer Pfanne im restlichen Öl bei mittlerer Hitze 5 Min. dünsten, dann bei starker Hitze braun braten. Auf die Kichererbsen streuen. Dazu passen Chapatis (siehe S. 55).

PANEER MIT SPINAT

1 Zwiebel | 1 Stück Ingwer (10 g) | 2 Knoblauchzehen | 2 EL neutrales Öl (ersatzweise Ghee, siehe S. 9) | ½ TL Bockshornkleesamen | 400 g gehackter TK-Spinat | 200 g Sahne | 1 TL Kurkumapulver | 1 TL gemahlener Kreuzkümmel | 1 TL gemahlener Koriander | ½ TL Chilipulver | Salz | 250 g Paneer (siehe S. 8)

Wunderbar cremig

Für 4 Personen | 30 Min. Zubereitung
Pro Portion ca. 440 kcal, 18 g EW, 37 g F, 6 g KH

1 Die Zwiebel schälen und fein würfeln. Den Ingwer sowie den Knoblauch schälen, hacken und im Mörser fein zerstoßen. Das Öl in einem Topf erhitzen und die Zwiebel darin bei mittlerer Hitze unter Rühren ca. 5 Min. andünsten. Die Ingwermischung und die Bockshornkleesamen dazugeben und kurz mit andünsten.

2 Den gefrorenen Spinat dazugeben und zugedeckt bei schwacher Hitze in ca. 10 Min. auftauen und warm werden lassen. Dann die Sahne und 50 ml Wasser unterrühren. Den Spinat mit Kurkuma, Kreuzkümmel, Koriander, Chilipulver sowie Salz würzen und alles 5 Min. offen köcheln lassen, dabei zwischendurch immer wieder umrühren.

3 Den Paneer in mundgerechte Würfel schneiden, vorsichtig unter den Spinat heben und nur kurz warm werden lassen. Dazu schmeckt Basmatireis.

TIPP

In der cremigen, würzigen Spinatsauce schmeckt auch Fisch oder Hähnchenfleisch. Dieses in mundgerechte Würfel schneiden. Fisch mit dem Spinat dazugeben, Hähnchen zunächst kurz in Ghee anbraten und ebenfalls mit dem Spinat hinzufügen.

PANEER MASALA

2 EL Cashewkerne | 1 Stück Ingwer (10 g) | 1 grüne Chilischote | 2 Zwiebeln | 4 Tomaten | 1 TL Bockshornkleesamen | 2 TL Korianderkörner | ½ TL Zimtpulver | 1 EL Curryblätter | 2 EL neutrales Öl | 200 g Joghurt | Salz | 500 g Paneer (siehe S. 8) | ¼ Bund Koriandergrün

Samtig und würzig

Für 4 Personen | 50 Min. Zubereitung
Pro Portion ca. 585 kcal, 33 g EW, 41 g F, 13 g KH

1 Die Cashewkerne fein mahlen. Den Ingwer schälen und hacken. Die Chilischote waschen, vom Stielansatz befreien und mitsamt Kernen hacken. Ingwer und Chili im Mörser fein zerstoßen. Die Zwiebeln schälen und fein würfeln. Die Tomaten überbrühen, häuten und klein würfeln. Bockshornklee und Koriander in einer Pfanne ohne Fett bei mittlerer Hitze anrösten, bis sie fein duften. Dann die Gewürze im Mörser so fein wie möglich zerstoßen und mit Zimt und Curryblättern mischen.

2 Öl in der Pfanne erhitzen und Zwiebeln darin bei mittlerer Hitze in ca. 10 Min. goldgelb andünsten. Ingwerpaste dazugeben und kurz mitdünsten. Gewürzmischung und Cashewkerne hinzufügen. Alles 2–3 Min. unter Rühren braten. Tomaten, Joghurt und 100 ml Wasser unterrühren. Sauce mit Salz würzen und ca. 10 Min. köcheln lassen.

3 Inzwischen den Paneer in mundgerechte Würfel schneiden. Den Koriander waschen und trocken schütteln, die Blätter abzupfen und hacken. Paneer unter die Sauce rühren und kurz warm werden lassen. Mit Salz abschmecken und mit Koriander bestreuen. Dazu passen Naan-Brot (siehe S. 54) und Garam Masala (siehe S. 9) zum Bestreuen.

AUBERGINEN-ZWIEBEL-GEMÜSE

Mehr als dieses würzige Gemüsegericht und eine Portion Reis oder ein frisches Stück Brot braucht es nicht, um für rundum zufriedene Gesichter am Tisch zu sorgen.

2 Auberginen (ca. 800 g)
2 große Zwiebeln
2 Knoblauchzehen
1 Stück Ingwer (15 g)
2 EL Ghee (siehe S. 9; ersatzweise neutrales Öl)
1 EL gemahlener Koriander
2 TL gemahlener Kreuzkümmel
½ TL Chilipulver
200 g gehackte Tomaten (aus der Dose)
Salz
4 Stiele Koriandergrün

Korianderwürzig

Für 4 Personen | 45 Min. Zubereitung | 40 Min. Backen
Pro Portion ca. 90 kcal, 3 g EW, 5 g F, 7 g KH

1 Den Backofen auf 250° vorheizen. Die Auberginen waschen, vom Stielansatz befreien und rundum mit einer Nadel mehrmals einstechen. Dann auf dem Rost im Ofen (Mitte) ca. 40 Min. backen, bis die Haut fast schwarz ist. Die Auberginen herausnehmen und abkühlen lassen.

2 Inzwischen die Zwiebeln schälen, vierteln und in feine Streifen schneiden. Den Knoblauch sowie den Ingwer schälen, hacken und im Mörser so fein wie möglich zerreiben. Das Ghee in einem Topf erhitzen und die Zwiebeln darin unter häufigem Rühren zunächst bei mittlerer Hitze ca. 15 Min. dünsten, dann bei starker Hitze goldbraun braten.

3 Die Ingwermischung kurz mitdünsten. Koriander, Kreuzkümmel sowie Chilipulver hinzufügen und ebenfalls kurz mitdünsten. Die Tomaten und 150 ml Wasser dazugeben. Alles salzen und offen bei mittlerer Hitze ca. 10 Min. weiterköcheln lassen.

4 Inzwischen die Haut der Auberginen mithilfe eines spitzen Messers abziehen. Die Auberginen in mundgerechte Würfel schneiden, unter die Zwiebelsauce rühren und alles 5–10 Min. weitergaren. Den Koriander waschen und trocken schütteln. Die Blätter abzupfen, fein hacken und unter das Auberginengemüse rühren. Nochmals mit Salz abschmecken. Dazu schmeckt Reis oder Naan-Brot (siehe S. 54).

TIPP **Dieses Gemüsegericht, das sein besonderes Aroma Korianderkörnern und -grün verdankt, schmeckt auch mit anderem Gemüse, z. B. mit Paprika. Diese ebenfalls im Ofen backen und enthäuten.**

KARTOFFELN IN WÜRZIGER SAUCE

700 g festkochende Kartoffeln | Salz | 2 Zwiebeln | 1 grüne Chilischote | 1 Stück Ingwer (10 g) | 4 Tomaten | 2 EL Ghee (siehe S. 9; ersatzweise neutrales Öl) | 1 TL gelbe Senfkörner | 1 TL Kreuzkümmelsamen | 1 EL Curryblätter | 2 TL gemahlener Koriander | 1 TL Kurkumapulver | ½ Bund Koriandergrün

Preiswerter Sattmacher

Für 4 Personen | 45 Min. Zubereitung
Pro Portion ca. 165 kcal, 4 g EW, 5 g F, 24 g KH

1 Die Kartoffeln schälen, in ca. 2 cm große Würfel schneiden und in Salzwasser ca. 5 Min. kochen. In ein Sieb abgießen, dabei das Kochwasser auffangen und beiseitestellen. Die Zwiebeln schälen und fein würfeln. Die Chilischote waschen, vom Stielansatz befreien und fein hacken. Den Ingwer schälen und fein hacken. Die Tomaten waschen oder nach Belieben überbrühen und häuten, dann in sehr kleine Würfel schneiden.

2 Das Ghee in einem Topf erhitzen. Die Zwiebeln darin bei mittlerer Hitze unter Rühren in ca. 10 Min. goldgelb andünsten. Den Ingwer sowie die Chili dazugeben und kurz mitdünsten. Senfkörner, Kreuzkümmel, Curryblätter, gemahlenen Koriander und Kurkuma hinzufügen und kurz mitbraten. Die Tomaten und 200 ml Kartoffelkochwasser untermischen. Alles offen in ca. 15 Min. musig einkochen lassen. Die Kartoffeln unterrühren und zugedeckt in ca. 10 Min. fertig garen.

3 Das Koriandergrün waschen und trocken schütteln. Die Blätter abzupfen, fein hacken und unter die Kartoffeln mischen. Mit Salz abschmecken. Dazu schmecken Raita und Reis oder Naan-Brot (siehe S. 54).

BLUMENKOHLCURRY MIT ERBSEN

1 kg Blumenkohl | 2 Frühlingszwiebeln | 2 große Tomaten | 2 EL Ghee (siehe S. 9; ersatzweise neutrales Öl) | 2 TL Kreuzkümmelsamen | 2 TL gemahlener Koriander | 1 TL Kurkumapulver | ½ TL Chilipulver | ¼ l Gemüsebrühe | Salz | 150 g TK-Erbsen | ½ Bund Koriandergrün

Vitamine für alle

Für 4 Personen | 35 Min. Zubereitung
Pro Portion ca. 130 kcal, 8 g EW, 6 g F, 10 g KH

1 Den Blumenkohl putzen, waschen und in Röschen teilen. Die Frühlingszwiebeln putzen, waschen und mit dem dunklen Grün in feine Ringe schneiden. Die Tomaten waschen oder überbrühen und häuten, dann klein würfeln.

2 Das Ghee in einem Topf erhitzen und die Kreuzkümmelsamen darin kurz anbraten. Koriander, Kurkuma und Chilipulver dazugeben und kurz mit anrösten. Den Blumenkohl und die Frühlingszwiebeln unterrühren und kurz mit andünsten.

3 Die Tomaten und die Brühe (ersatzweise Wasser) dazugeben. Das Curry mit Salz würzen und zugedeckt bei mittlerer Hitze ca. 10 Min. köcheln, bis der Blumenkohl knapp bissfest gegart ist.

4 Die gefrorenen Erbsen untermischen und das Curry 2–3 Min. weiterköcheln. Inzwischen das Koriandergrün waschen und trocken schütteln. Die Blätter abzupfen, fein hacken und unter das Curry mischen. Das Curry mit Salz abschmecken. Dazu schmeckt Basmatireis.

TIPP

Statt frischer können Sie auch 200 g gehackte Tomaten aus der Dose verwenden.

FLEISCH, GEFLÜGEL & FISCH

Ob mit vielen verschiedenen Gewürzen als Curry geschmort, in einer cremigen Sauce serviert oder aber im Ofen lange gebacken – in Indien kommt in Sachen Fleisch vor allem Huhn und Lamm auf den Tisch. Und beim Fisch machen wir es wie die Inder: Wir nehmen einfach, was gerade frisch zu haben ist!

HÜHNERCURRY

Wer gern indisch isst, kommt an diesem Klassiker nicht vorbei. Durch ein Potpourri an Gewürzen bekommt das Curry sein unvergleichlich gutes Aroma.

1 Poularde (ca. 1,3 kg; küchenfertig vorbereitet)
2 Zwiebeln
2 Knoblauchzehen
1 Stück Ingwer (10 g)
4 Tomaten
2 TL Korianderkörner
1 TL Kreuzkümmelsamen
½ Zimtstange
1 TL Bockshornkleesamen
2 TL Chilipulver
1 TL Kurkumapulver
1 EL Curryblätter
Salz
2 EL neutrales Öl
1 kleines Bund Koriandergrün

Wunderbar würzig

Für 4 Personen | 50 Min. Zubereitung | 40 Min. Garen
Pro Portion ca. 475 kcal, 49 g EW, 28 g F, 4 g KH

1 Die Poularde innen und außen kalt abbrausen und trocken tupfen. Die Haut abziehen und die Poularde mit einem scharfen Messer und der Geflügelschere in ca. 24 Stücke teilen. Die Zwiebeln schälen, vierteln und in feine Streifen schneiden. Den Knoblauch sowie den Ingwer schälen, würfeln und im Mörser fein zerstoßen. Die Tomaten waschen oder überbrühen und häuten, dann in kleine Würfel schneiden.

2 Korianderkörner, Kreuzkümmel, Zimt und Bockshornklee in einer Pfanne ohne Fett bei mittlerer Hitze unter Rühren anrösten, bis die Gewürze fein duften. Dann die Gewürze im Mörser so fein wie möglich zerstoßen. Mit Chilipulver und Kurkuma, Curryblättern und 1 TL Salz mischen.

3 Das Öl in einem Schmortopf erhitzen. Die Zwiebeln darin bei mittlerer Hitze unter Rühren ca. 10 Min. andünsten. Die Knoblauchmischung dazugeben und kurz mit andünsten. Die Tomaten hinzufügen und alles offen ca. 10 Min. weitergaren, bis die Tomaten musig zerfallen.

4 Die Poulardenstücke untermischen und zugedeckt ca. 10 Min. garen, dabei ab und zu umrühren. ¼ l Wasser und die Gewürzmischung unterrühren. Das Curry mit Salz abschmecken und zugedeckt bei schwacher Hitze ca. 40 Min. garen, bis das Fleisch fast von den Knochen fällt.

5 Das Koriandergrün waschen und trocken schütteln. Die Blätter abzupfen, fein hacken und unter das Curry mischen. Nochmals mit Salz abschmecken. Dazu passen Tamarinden-Dattel-Chutney (siehe S. 59) und Basmatireis.

HUHN IN CASHEWSAUCE

2 Tomaten | 3 Zwiebeln | 4 Knoblauchzehen | 1 Stück Ingwer (15 g) | 1 große rote Chilischote | 1 Zimtstange | Samen aus 5 grünen Kardamomkapseln | 2 Gewürznelken | 3 EL Cashewkerne | 2 ½ EL Ghee (siehe S. 9) | 500 g Hähnchenbrustfilet | Salz | 1 TL gemahlener Kreuzkümmel | 1 TL gemahlener Koriander

Mildes aus Kaschmir

Für 4 Personen | 50 Min. Zubereitung
Pro Portion ca. 255 kcal, 31 g EW, 11 g F, 6 g KH

1 Tomaten überbrühen, häuten und würfeln. Zwiebeln schälen und in feine Streifen schneiden. Knoblauch sowie Ingwer schälen und sehr fein hacken. Chilischote waschen, vom Stielansatz befreien und mit Kernen sehr fein hacken. Die Zimtstange halbieren und mit Kardamom sowie Nelken mischen. 2 EL Cashewkerne fein mahlen.

2 In einem Topf 2 EL Ghee erhitzen. Zwiebeln, Knoblauch, Ingwer, Chili und Gewürzmischung darin bei mittlerer Hitze ca. 10 Min. andünsten. Inzwischen das Hähnchenbrustfilet kalt abbrausen, trocken tupfen, 2 cm groß würfeln und leicht salzen. Das Fleisch zur Zwiebelmischung in den Topf geben und 2–3 Min. mit anbraten. Gemahlenen Kreuzkümmel und Koriander kurz mitbraten. Tomaten, gemahlene Cashewkerne und 150 ml Wasser untermischen. Mit Salz abschmecken und bei schwacher Hitze ca. 20 Min. köcheln lassen, bis das Fleisch gar ist.

3 Inzwischen die restlichen Cashewkerne längs halbieren. Das restliche Ghee in einer Pfanne erhitzen und die Hälften darin goldgelb anrösten. Herausnehmen und salzen. Das Huhn in der Sauce mit Salz abschmecken und mit Cashewhälften bestreuen. Dazu schmeckt Basmatireis.

TANDOORI-HUHN

1 Poularde (ca. 1,3 kg; küchenfertig vorbereitet) | 8 EL Zitronensaft | 1 Stück Ingwer (30 g) | 2 Knoblauchzehen | 200 g Joghurt | 1 TL gemahlener Kreuzkümmel | 1 TL gemahlener Koriander | 1 Prise Zimtpulver | 1½ EL edelsüßes Paprikapulver | 1 TL Chilipulver | Salz | 2 EL Ghee (siehe S. 9)

Super auch zum Grillen

Für 4 Personen | 30 Min. Zubereitung | 12–24 Std. Marinieren | 50 Min. Backen
Pro Portion ca. 495 kcal, 50 g EW, 30 g F, 5 g KH

1 Die Poularde enthäuten, mit dem Messer und der Geflügelschere in ca. 12 Stücke teilen, waschen und trocken tupfen. Das Fleisch mit einer Nadel mehrmals einstechen, im Abstand von ca. 1 cm leicht einschneiden und rundum mit dem Zitronensaft einreiben. Fleisch in eine Schüssel legen.

2 Ingwer sowie Knoblauch schälen, fein hacken und mit dem Joghurt im Mixer fein pürieren. Kreuzkümmel, Koriander, Zimt, Paprika- und Chilipulver unterrühren. Mit Salz abschmecken. Poulardenstücke mit Würzjoghurt übergießen und zugedeckt im Kühlschrank 12–24 Std. marinieren, zwischendurch mindestens einmal wenden.

3 Backofen auf 200° vorheizen. Poulardenstücke aus dem Kühlschrank nehmen, abtropfen lassen und nebeneinander in eine ofenfeste Form legen. Dann mit Alufolie abdecken und im Ofen (Mitte) ca. 30 Min. backen. Temperatur auf 225° erhöhen. Ghee in einem Topf bei schwacher Hitze zerlassen. Alufolie entfernen und die Poulardenstücke mit dem Ghee einpinseln. Ca. 20 Min. weiterbacken, bis das Fleisch gar und leicht gebräunt ist. Dazu passen Zwiebelstreifen, Naan-Brot (siehe S. 54), Raita (siehe S. 18) und Bio-Zitronenspalten.

BUTTER CHICKEN

Eines der besten Hähnchengerichte der indischen Küche, für das Hähnchenstücke ohne Haut, aber mit Knochen gegart werden – so wird das Ganze saftig und aromatisch.

1 Poularde (ca. 1,3 kg; küchenfertig vorbereitet)
150 g Joghurt
2 EL Zitronensaft
1 TL gemahlener Koriander
1 TL Garam Masala (siehe S. 9)
1 TL Chilipulver
Salz
2 Zwiebeln
2 Knoblauchzehen
1 Stück Ingwer (10 g)
4 Tomaten
4 EL Butter
1 EL Kreuzkümmelsamen
½ TL Mangopulver (aus dem Asienladen; ersatzweise 2 TL Zitronensaft)
1 TL brauner Zucker
1 TL Zimtpulver
100 g Sahne
1 großes Bund Koriandergrün

Besonders zart

Für 4 Personen |
1 Std. 30 Min. Zubereitung |
4–12 Std. Marinieren |
40 Min. Schmoren
Pro Portion ca. 615 kcal,
51 g EW, 41 g F, 8 g KH

1 Von der Poularde die Haut abziehen (Bild 1). Die Poularde mit der Geflügelschere in ca. 16 Stücke teilen, dabei auch die Schenkel nochmals teilen (Bild 2). Die Poulardenstücke waschen und trocken tupfen. Joghurt mit Zitronensaft, Koriander, Garam Masala sowie ½ TL Chilipulver verrühren und mit Salz abschmecken. Die Poulardenstücke mit der Joghurtmischung vermengen und zugedeckt im Kühlschrank 4–12 Std. marinieren.

2 Zwiebeln, Knoblauch sowie Ingwer schälen und grob hacken. Tomaten überbrühen, häuten und klein würfeln. Ca. 1 EL Butter in einem Topf zerlassen und Zwiebeln, Knoblauch, Ingwer sowie Kreuzkümmel darin bei mittlerer Hitze ca. 10 Min. andünsten. Tomaten dazugeben und alles ca. 5 Min. weitergaren. Die Masse mit dem Stabmixer fein pürieren. Mangopulver, Zucker, Zimt und Salz unterrühren.

3 Restliche Butter in einem Schmortopf erhitzen. Poulardenstücke aus der Marinade nehmen und portionsweise rundum in der Butter anbraten, bis sie nicht mehr rosa aussehen, aber noch nicht braun sind (Bild 3). Fertig angebratene Stücke aus dem Topf nehmen und auf einem Teller beiseitestellen.

4 Tomatenpüree, Marinade und 50 ml Wasser in den Schmortopf geben und verrühren. Poulardenstücke zurück in die Sauce geben und zugedeckt bei mittlerer bis schwacher Hitze ca. 40 Min. schmoren, dabei ab und zu umrühren. Sahne unter die Sauce rühren. Mit restlichem Chilipulver und Salz abschmecken. Koriandergrün waschen und trocken schütteln, Blätter abzupfen und fein hacken. Etwa die Hälfte der Blätter unter das Butter Chicken rühren, den Rest vor dem Servieren daraufstreuen.

1

2

3

LAMM MIT KICHERERBSEN

100 g Chana Dal (halbierte getrocknete Kichererbsen) | 6 Knoblauchzehen | 1 Stück Ingwer (20 g) | 1 rote Chilischote | 2 große Zwiebeln | 600 g Lammschulter (ersatzweise Lammkeule ohne Knochen) | 4 EL Öl | 1 Dose gehackte Tomaten (400 g) | 2 TL gemahlener Kreuzkümmel | 2 TL Kurkumapulver | Salz | 1 Bund Koriandergrün

Wärmt von innen

Für 4 Personen | 30 Min. Zubereitung | 2 Std. Einweichen | 1 Std. 40 Min. Schmoren
Pro Portion ca. 440 kcal, 35 g EW, 24 g F, 17 g KH

1 Chana Dal mit Wasser bedeckt mind. 2 Std. einweichen. Inzwischen Knoblauch sowie Ingwer schälen und hacken. Chilischote waschen, vom Stielansatz befreien, mit Kernen hacken und mit Knoblauch sowie Ingwer im Mörser fein zerreiben. Zwiebeln schälen und klein würfeln. Das Fleisch ca. 2 cm groß würfeln. In einem Schmortopf 2 EL Öl erhitzen. Zwiebeln darin bei mittlerer Hitze unter Rühren ca. 10 Min. dünsten. Knoblauchpaste kurz mitdünsten. Zwiebelmasse mit Tomaten pürieren.

2 Restliches Öl im Topf erhitzen. Das Fleisch darin unter Rühren anbraten, ohne es zu bräunen. Kreuzkümmel und Kurkuma kurz mitbraten. Tomatenpüree und 200 ml Wasser angießen. Salzen. Zugedeckt bei schwacher Hitze ca. 1 ½ Std. schmoren. Chana Dal 50 Min. vor Schmorende in ein Sieb abgießen. In einem Topf mit frischem Wasser bedeckt in ca. 40 Min. fast weich kochen. Abgießen, nach den 1 ½ Std.. Schmorzeit unter das Lamm mischen und alles in ca. 10 Min. fertig garen. Koriander waschen und trocken schütteln. Blätter abzupfen, fein hacken und untermischen. Mit Salz abschmecken. Dazu passt Naan-Brot (siehe S. 54).

LAMMSCHULTER AUS DEM OFEN

1 EL Kreuzkümmelsamen | ½ EL Korianderkörner | 1 TL Fenchelsamen | 1 TL schwarze Pfefferkörner | 2 Gewürznelken | 1 Zimtstange (halbiert) | 6 Knoblauchzehen | 1 Stück Ingwer (20 g) | 1 rote Chilischote | 4 EL neutrales Öl | 1 EL Zitronensaft | Salz | 1 Lammschulter mit Knochen (ca. 1,6 kg)

Langsam geschmort

Für 4 Personen | 20 Min. Zubereitung | 1–2 Std. Marinieren | 3 Std. 45 Min. Schmoren
Pro Portion ca. 705 kcal, 76 g EW, 42 g F, 2 g KH

1 Kreuzkümmel, Koriander, Fenchel, Pfeffer, Nelken und Zimt in einer Pfanne ohne Fett anrösten, bis die Gewürze duften, und im Mörser fein zerstoßen. Knoblauch sowie Ingwer schälen und hacken. Chilischote waschen, vom Stielansatz befreien, mit Kernen fein hacken und mit Knoblauch sowie Ingwer im Mörser so fein wie möglich zerreiben. Paste mit Gewürzmischung, Öl und Zitronensaft verrühren. Mit Salz abschmecken. Lammschulter waschen, trocken tupfen und rundum mit der Marinade einreiben. Zugedeckt 1–2 Std. kühl stellen.

2 Backofen auf 200° vorheizen. Die Lammschulter in einen Bräter mit Deckel legen. Leicht salzen und 150 ml heißes Wasser angießen. Zugedeckt in den Ofen (Mitte) schieben. Die Temperatur auf 150° reduzieren und die Lammschulter in ca. 3 ½ Std. garen, bis das Fleisch weich ist und fast vom Knochen fällt. Dabei nach der Hälfte der Zeit wenden.

3 Temperatur auf 220° erhöhen und die Lammschulter offen in 10–15 Min. knusprig backen. Das Fleisch in Scheiben vom Knochen schneiden und mit dem Bratensaft servieren. Dazu passen Naan-Brot (siehe S. 54) und Kachumber (siehe S. 19).

LAMM-VINDALOO

In Goa in Südindien wird Vindaloo traditionell aus Schweinefleisch zubereitet, und zwar richtig scharf. Diese Version ist etwas weniger »hot« – aber ebenso lecker!

700 g Lammschulter (ersatzweise Lammkeule ohne Knochen)
1 TL grüne Kardamomkapseln
1 TL Kreuzkümmelsamen
1 TL schwarze Senfkörner
1 TL schwarze Pfefferkörner
1 TL Bockshornkleesamen
2 Gewürznelken
½ Zimtstange
2 Knoblauchzehen
1 Stück Ingwer (10 g)
6 getrocknete rote Chilischoten
50 ml Weißweinessig
1 EL brauner Zucker
3 große Zwiebeln
2 EL neutrales Öl
Salz

Ganz schön scharf!

Für 4 Personen | 30 Min. Zubereitung | 8 Std. Marinieren | 1 Std. 30 Min. Schmoren
Pro Portion ca. 345 kcal, 34 g EW, 19 g F, 7 g KH

1 Das Lammfleisch in ca. 2 cm große Würfel schneiden, größere Fettstücke und dicke Sehnen dabei entfernen. Die Kardamomkapseln aufbrechen und die Samen herauslösen. Die Samen mit Kreuzkümmel, Senfkörnern, Pfefferkörnern, Bockshornkleesamen, Nelken und Zimtstange in einer Pfanne ohne Fett bei mittlerer Hitze unter Rühren anrösten, bis die Gewürze fein duften. Die Gewürze im Mörser so fein wie möglich zerstoßen.

2 Den Knoblauch sowie den Ingwer schälen, grob hacken und mit den zerstoßenen Gewürzen, Chilischoten, Essig und Zucker im Blitzhacker fein pürieren. Das Fleisch mit der Gewürzpaste mischen und zugedeckt im Kühlschrank mind. 8 Std. marinieren.

3 Die Zwiebeln schälen, vierteln und in feine Streifen schneiden. Das Öl in einem Schmortopf erhitzen und die Zwiebeln darin bei mittlerer Hitze unter Rühren ca. 10 Min. andünsten. Das Fleisch samt Marinade dazugeben und mit anbraten, bis es nicht mehr rot aussieht. 150 ml Wasser angießen. Die Fleischmischung mit Salz würzen und zugedeckt bei schwacher Hitze ca. 1½ Std. schmoren. Dabei ab und zu umrühren und bei Bedarf noch etwas Wasser angießen. Das Lamm-Vindaloo mit Salz abschmecken. Dazu schmecken Basmatireis und ein Chutney, z. B. Tamarinden-Dattel-Chutney (siehe S. 59).

TIPP

Ihr leicht scharfer und frischer Geschmack macht die Ingwerknolle zu einer der beliebtesten Zutaten der indischen Küche. Die Knolle sollte prall und fest sein und immer frisch verwendet werden, denn getrocknet hat Ingwer nicht mehr viel Aroma zu bieten.

FISCHCURRY MIT TAMARINDE

2 grüne Chilischoten | 2 Knoblauchzehen | 1 Stück Ingwer (10 g) | 2 TL Korianderkörner | ½ TL Kreuzkümmelsamen | 600 g festfleischiges Fischfilet (z. B. Rotbarsch oder Zander) | Salz | 1 große Zwiebel | 2 EL neutrales Öl | 200 g Kokosmilch (aus der Dose) | 2 TL Tamarindenpaste (siehe S. 9) | 4 Stiele Koriandergrün

Fischragout auf Indisch

Für 4 Personen | 50 Min. Zubereitung
Pro Portion ca. 315 kcal, 23 g EW, 22 g F, 5 g KH

1 Die Chilischoten waschen, jeweils vom Stielansatz befreien und mitsamt den Kernen grob hacken. Den Knoblauch sowie den Ingwer schälen und ebenfalls grob hacken. Chilischoten, Knoblauch und Ingwer mit Korianderkörnern, Kreuzkümmel und 2 EL Wasser im Blitzhacker so fein wie möglich pürieren.

2 Den Fisch waschen, trocken tupfen, in mundgerechte Würfel schneiden und salzen. Die Zwiebel schälen, vierteln und in feine Streifen schneiden.

3 Das Öl in einem Topf erhitzen und die Zwiebel darin bei mittlerer Hitze unter gelegentlichem Rühren in ca. 10 Min. goldgelb andünsten. Die Gewürzpaste dazugeben und kurz mit andünsten.

4 Die Kokosmilch und 100 ml Wasser unterrühren und alles offen ca. 5 Min. köcheln lassen. Die Tamarindenpaste unterrühren und die Sauce mit Salz würzen. Den Fisch einlegen und zugedeckt bei schwacher Hitze in ca. 10 Min. gar ziehen lassen.

5 Inzwischen das Koriandergrün waschen und trocken schütteln. Die Blätter abzupfen, hacken und auf das Curry streuen. Dazu schmecken Basmatireis und Kokos-Joghurt-Chutney (siehe S. 58).

GARNELEN IN JOGHURTSAUCE

500 g rohe Garnelen (geschält und ohne Kopf) | 2 EL Zitronensaft (ersatzweise Limettensaft) | 1 TL Kurkumapulver | 2 Zwiebeln | 1 Stück Ingwer (10 g) | 1 rote Chilischote | 2 Tomaten | 2 EL neutrales Öl | 2 TL schwarze Senfkörner | 1 EL Curryblätter | 1 TL gemahlener Koriander | 200 g Joghurt | Salz

Fein für Gäste

Für 4 Personen | 30 Min. Zubereitung
Pro Portion ca. 165 kcal, 17 g EW, 8 g F, 5 g KH

1 Die Garnelen bei Bedarf am Rücken entlang einschneiden und den schwarzen Darm entfernen. Dann die Garnelen waschen, trocken tupfen und mit Zitronensaft sowie Kurkuma mischen.

2 Die Zwiebeln schälen, vierteln und in feine Streifen schneiden. Den Ingwer schälen, hacken und im Mörser fein zerstoßen. Die Chilischote waschen, vom Stielansatz befreien und mitsamt den Kernen fein hacken. Die Tomaten überbrühen, häuten und würfeln.

3 Das Öl in einem Topf erhitzen und die Zwiebeln darin bei mittlerer Hitze unter Rühren ca. 10 Min. andünsten. Die Senfkörner und die Curryblätter dazugeben und kurz mit andünsten, dann die Ingwerpaste und die Chili untermischen. Den Koriander dazugeben.

4 Die Tomaten und den Joghurt unterrühren und die Sauce ca. 5 Min. köcheln lassen. Mit Salz würzen. Die Garnelen hineinlegen und mit einem Löffel etwas Sauce darüberschöpfen. Dann die Garnelen in 2–3 Min. gar ziehen lassen. Dazu schmecken Safranreis mit Rosinen (siehe S. 56) und Grünes Chutney (siehe S. 58).

OFENFISCH MIT KOKOS

Die Würzpaste, die dem Fisch das gewisse Etwas verleiht, kommt in Südindien in Fischcurry. Doch auf knusprig gebratenem Ofenfisch schmeckt sie mindestens so gut!

2 Wolfsbarsche (à ca. 450 g; küchenfertig vorbereitet; ersatzweise Brassen)
1 grüne Chilischote
4 Knoblauchzehen
2 Schalotten
2 EL Curryblätter
1 TL Kurkumapulver
4 EL Kokosraspel
2 EL neutrales Öl
2 TL braune Senfkörner
Salz
Außerdem:
Fett für die Form

Raffiniert einfach

Für 4 Personen | 30 Min. Zubereitung | 20 Min. Backen
Pro Portion ca. 235 kcal, 34 g EW, 10 g F, 2 g KH

1 Den Backofen auf 220° vorheizen. Den Boden einer großen ofenfesten Form einfetten. Die Wolfsbarsche kalt abbrausen und trocken tupfen. Die Haut der Fische mit einem scharfen Messer leicht schräg einschneiden.

2 Die Chilischote waschen, vom Stielansatz befreien und hacken. Den Knoblauch sowie die Schalotten schälen und klein würfeln. Die Curryblätter grob schneiden. Chili, Knoblauch, Schalotten, Curryblätter, Kurkuma, Kokosraspel und 70 ml Wasser mit dem Stabmixer fein pürieren.

3 Das Öl in einer Pfanne erhitzen und die Senfkörner darin anbraten, bis sie zu springen beginnen. Senfkörner unter die Gewürzpaste mischen und diese mit Salz würzen.

4 Die Fische innen salzen und außen mit der Gewürzpaste einstreichen. Nebeneinander in die Form legen und im Ofen (Mitte) in ca. 20 Min. braun backen. Dazu schmecken Gewürzreis mit Ingwer (siehe Variante S. 56) und ein Raita (siehe S. 18).

VARIANTE FISCHFILETS IM PÄCKCHEN

Für 4 Personen: Backofen auf 200° vorheizen. 50 g Kokosraspel in einer Schüssel mit 100 ml Wasser bedeckt 30 Min. quellen lassen. 1 großes Bund Koriandergrün und 1 Bund Minze waschen und trocken schütteln, die Blätter abzupfen und grob hacken. 2 grüne Chilischoten waschen, vom Stielansatz befreien und mitsamt den Kernen hacken. 6 Knoblauchzehen sowie 1 Stück Ingwer (15 g) schälen und hacken. Alle vorbereiteten Zutaten und 1 EL Zucker zusammen im Mixer fein pürieren. Die abgeriebene Schale und den Saft von 1 Bio-Limette untermischen. Die Paste mit Salz würzen. 4 Fischfilets ohne Haut (z. B. Rotbarsch oder Lachs) salzen und mit der Paste bestreichen. Jeweils in ein Stück Backpapier wickeln, auf ein Backblech legen und im Ofen (Mitte) ca. 15 Min. backen.

BEILAGEN

Ein Essen ohne Reis und Brot? In Indien ein Ding der Unmöglichkeit! Und mindestens ein Chutney ist auch immer mit von der Partie, wenn die Inder Gäste zu Tisch bitten – weil die würzigen Saucen jedes Essen einfach noch einen Tick besser machen und Brot zum Dippen immer geht!

NAAN-BROT

⅛ l Milch | 15 g frische Hefe | 2 TL Zucker | 300 g Mehl (Type 405) | Salz | 100 g Joghurt | 2 EL neutrales Öl | Öl zum Bepinseln des Teigs | Mehl zum Arbeiten | 2 EL Butter

Klassische Beilage

Für 6 Stück | 30 Min. Zubereitung | 1 Std. 15 Min. Ruhen | 7 Min. Backen pro Blech
Pro Stück ca. 255 kcal, 7 g EW, 8 g F, 39 g KH

1 Die Milch lauwarm erhitzen. Die Hefe hineinbröckeln, den Zucker hinzufügen und alles glatt rühren. Das Mehl mit 1 TL Salz in einer Schüssel mischen und eine Mulde in die Mitte drücken.

2 Hefemischung, Joghurt und Öl in die Mehlmulde geben und alles mit den Händen in ca. 5 Min. zu einem glatten Teig verkneten. Den Teig zu einer Kugel formen, mit etwas Öl bepinseln und zugedeckt bei Zimmertemperatur ca. 1 Std. gehen lassen, bis sich sein Volumen nahezu verdoppelt hat.

3 Den Teig in 6 gleich große Portionen teilen. Jedes Teigstück mit leicht bemehlten Händen zu einem länglichen, ca. ½ cm dicken Fladen formen oder ausrollen. Die Butter zerlassen. Zwei Backbleche dünn mit Butter einpinseln und je 3 Fladen auf ein Blech legen. Die Fladen nochmals ca. 15 Minuten gehen lassen.

4 Inzwischen den Backofen auf 250° vorheizen. Die Fladen mit der restlichen Butter einpinseln und blechweise nacheinander im Ofen (Mitte) jeweils ca. 3 ½ Min. backen, dann die Brote wenden und in ca. 3 ½ Min. fertig backen, bis sie leicht braun sind. Aus dem Ofen nehmen, sofort in ein sauberes Tuch wickeln und bis zum Servieren darin aufbewahren.

CHAPATIS

80 g Mehl (Type 405) | 120 g Weizenvollkornmehl | Salz | 1 EL Ghee (siehe S. 9) | Mehl zum Arbeiten

Zum Tunken und Einwickeln

Für 8 Stück | 50 Min. Zubereitung | 30 Min. Ruhen
Pro Stück ca. 90 kcal, 3 g EW, 2 g F, 16 g KH

1 Die beiden Mehlsorten mit 1 TL Salz in einer Schüssel mischen. Das Ghee in einem Topf zerlassen und mit ca. ⅛ l lauwarmem Wasser nach und nach mit den Händen unter das Mehl kneten, bis ein geschmeidiger, glatter Teig entstanden ist.

2 Den Teig noch mind. 5 Min. kräftig durchkneten, dann zu einer Kugel formen. Ein Küchentuch nass machen und gut auswringen. Die Teigkugel damit abdecken und ca. 30 Min. ruhen lassen.

3 Den Teig in 8 gleich große Portionen teilen. Jedes Teigstück zu einer Kugel formen und diese mit wenig Mehl zu einem dünnen, runden Fladen von ca. 18 cm Ø ausrollen.

4 Eine schwere Pfanne – am besten aus Gusseisen – bei starker Hitze auf dem Herd erhitzen. Die Teigfladen darin nacheinander ohne Fett bei mittlerer Hitze auf jeder Seite ca. 2 Min. braten, bis sie leichte Blasen werfen und knusprig sind. Fertige Fladen auf einem Teller aufeinanderstapeln und mit einem Küchentuch bedeckt warm halten, bis alle Fladen gebacken sind.

SAFRANREIS MIT ROSINEN

Die Inder wissen, wie sie aus schlichtem Reis eine wahre Augen- und Gaumenweide zaubern: mit edlen Gewürzen und ein paar Extra-Zutaten wie Rosinen und Nüssen.

250 g Basmatireis
1 Döschen Safranfäden (0,1 g)
2 EL Ghee (siehe S. 9; ersatzweise Butter)
2 grüne Kardamomkapseln
½ Zimtstange
2 EL Rosinen
Salz
2 EL Mandelstifte
2 EL gehackte Pistazienkerne

Festlich aufgepeppt

Für 4 Personen | 25 Min. Zubereitung | 30 Min. Einweichen
Pro Portion ca. 335 kcal, 7 g EW, 9 g F, 55 g KH

1 Den Basmatireis in einer Schüssel mit kaltem Wasser bedeckt ca. 30 Min. einweichen. Den Safran zwischen den Fingerspitzen leicht zerreiben, in einer Tasse mit 5 EL warmem Wasser verrühren und beiseitestellen.

2 Den Reis in einem Sieb gut abtropfen lassen. In einem Topf 1 EL Ghee erhitzen. Die Kardamomkapseln mit einem breiten Messer andrücken und mit der Zimtstange im Ghee leicht anbraten. Reis dazugeben und mit ½ l Wasser aufgießen. Rosinen untermischen. Reis salzen und zugedeckt bei schwacher Hitze in ca. 15 Min. körnig ausquellen lassen.

3 Das restliche Ghee in einer kleinen Pfanne erhitzen und die Mandelstifte darin unter Rühren goldgelb anbraten. Vom Herd nehmen und leicht salzen. Die Mandelstifte und das Safranwasser unter den Reis heben. Reis in eine Schüssel füllen und mit Pistazien bestreuen.

VARIANTE

GEWÜRZREIS MIT INGWER

Für 4 Personen: 250 g Basmatireis mit Wasser bedeckt ca. 30 Min. einweichen. In einem Sieb abtropfen lassen. In einem Topf mit ½ l Wasser und Salz aufkochen und zugedeckt bei sehr schwacher Hitze in ca. 15 Min. ausquellen lassen. 1 Stück Ingwer (5 g) schälen und fein hacken. 1 grüne Chilischote waschen, vom Stielansatz befreien und mit Kernen in feine Ringe schneiden. 2 EL Ghee (siehe S. 9) in einem Topf erhitzen. 1 TL schwarze Senfkörner und ½ TL Kreuzkümmelsamen kurz darin anbraten. Ingwer und Chili kurz mitbraten. Die Gewürzmischung unter den Reis rühren. Passt zu Gerichten mit Kokosmilch oder nussigen Saucen.

GRÜNES CHUTNEY

1 TL Kreuzkümmelsamen | 2 grüne Chilischoten | 1 Stück Ingwer (10 g) | 3 Bund Koriandergrün (ca. 100 g) | 2 Stiele Minze (nach Belieben) | 1 TL Zucker | Salz

Allrounder

Für 4 Personen | 10 Min. Zubereitung
Pro Portion ca. 35 kcal, 1 g EW, 0 g F, 3 g KH

1 Die Kreuzkümmelsamen in einer Pfanne ohne Fett anrösten, bis sie würzig duften. Anschließend die Samen im Mörser grob zerstoßen. Die Chilischoten waschen, jeweils vom Stielansatz befreien und mitsamt den Kernen grob hacken. Den Ingwer schälen und fein hacken.

2 Das Koriandergrün sowie nach Belieben die Minze waschen und trocken schütteln, jeweils die Blätter von den Stielen abzupfen und grob hacken. Den Koriander und die Minze mit Kreuzkümmel, Chilischoten, Ingwer, Zucker und 2 EL Wasser im Blitzhacker so fein wie möglich pürieren. Das Püree mit Salz abschmecken. Das Chutney bis zum Servieren kühl stellen.

KOKOS-JOGHURT-CHUTNEY

50 g Kokosraspel | 1 Bund Koriandergrün | ½ grüne Paprikaschote | 125 g Joghurt | ½ TL Chilipulver | Salz | 2 EL Ghee (siehe S. 9) | 2 TL schwarze Senfkörner

Zu Fisch und Lamm

Für 4 Personen | 30 Min. Zubereitung | 30 Min. Einweichen
Pro Portion ca. 160 kcal, 2 g EW, 14 g F, 3 g KH

1 Die Kokosraspel mit 75 ml Wasser bedeckt ca. 30 Min. einweichen. Inzwischen den Koriander waschen und trocken schütteln, die Blätter abzupfen und grob hacken. Die Paprika längs halbieren, entkernen, waschen und klein würfeln.

2 Kokosraspel samt Einweichwasser, Koriander, Paprika, Joghurt und 1 EL heißes Wasser in einem hohen Rührbecher mit dem Stabmixer fein pürieren. Mit Chilipulver und Salz würzen. Das Ghee in einem kleinen Topf erhitzen und die Senfkörner einrühren. Sofort den Deckel auflegen und die Körner kurz erhitzen, dann unter das Chutney rühren. Bis zum Servieren kühl stellen.

MANGOCHUTNEY

1 Mango (ca. 600 g) | 1 rote Chilischote | 2 EL Zucker | 2 TL gemahlener Kreuzkümmel | ½ TL Kurkumapulver | ½ TL gemahlener Koriander | 1 Prise Zimtpulver | 1 Prise gemahlene Gewürznelke | 1 Stück Ingwer (5 g) | 1 TL Mangopulver (aus dem Asienladen; ersatzweise 2 TL Zitronen- oder Limettensaft) | Salz

Mit leichter Schärfe

Für 4 Personen | 30 Min. Zubereitung
Pro Portion ca. 80 kcal, 1 g EW, 0 g F, 18 g KH

1 Mango schälen, Fruchtfleisch vom Stein und in kleine Würfel schneiden. Chili waschen, vom Stielansatz befreien und fein hacken. Mango, Chili, Zucker, Kreuzkümmel, Kurkuma, Koriander, Zimt, Nelke und 50 ml Wasser in einem Topf erhitzen. Mischung offen 15–20 Min. köcheln lassen, bis sie dickflüssig wird. Dabei ab und zu umrühren.

2 Ingwer schälen, hacken und im Mörser fein zerdrücken. Mit dem Mangopulver unter das Chutney mischen. Mit Salz abschmecken und abkühlen lassen. Bis zum Servieren kühl stellen.

TAMARINDEN-DATTEL-CHUTNEY

100 g Datteln (ohne Stein) | 1 Stück Ingwer (5 g) | 50 g brauner Zucker | 100 g Tamarindenpaste (siehe S. 9) | 1 TL Garam Masala (siehe S. 9) | ½ TL Chilipulver | Salz

Zu Huhn und Lamm

Für 4 Personen | 30 Min. Zubereitung
Pro Portion ca. 150 kcal, 1 g EW, 0 g F, 35 g KH

1 Die Datteln klein würfeln. Den Ingwer schälen und fein hacken. Datteln, Ingwer, Zucker, Tamarindenpaste, Garam Masala, Chilipulver, etwas Salz und 100 ml Wasser in einem Topf verrühren.

2 Die Mischung zum Kochen bringen und bei mittlerer Hitze offen 10–15 Min. köcheln lassen, bis sie dickflüssig ist. Abkühlen lassen und bis zum Servieren kühl stellen.

TIPP

Statt Tamarindenpaste 75 g Tamarindenmark in 150 ml heißem Wasser ca. 30 Min. einweichen, dann durch ein Sieb streichen und wie im Rezept weiterverwenden.

REGISTER

Damit Sie Rezepte mit bestimmten Zutaten noch schneller finden, sind in diesem Register auch beliebte Zutaten wie **Blumenkohl** oder **Tomaten** alphabetisch eingeordnet und hervorgehoben. Darunter finden Sie das Rezept Ihrer Wahl. Vegetarische Rezepte, die im Buch mit einem gekennzeichnet sind, sind hier grün abgesetzt.

A/B

C

D/F

G

H/J

Projektleitung: Jessica Kleppel
Lektorat: Karin Kerber
Korrektorat: Christin Geweke
Innen- und Umschlaggestaltung: independent Medien-Design, Horst Moser, München
Illustrationen: Julia Wolf
Herstellung: Renate Hutt
Satz: Kösel, Krugzell
Reproduktion: Repro Ludwig, Zell am See
Druck und Bindung: Schreckhase, Spangenberg
Printed in Germany
Syndication: www.seasons.agency

2. Auflage 2017
ISBN 978-3-8338-5331-9
www.facebook.com/gu.verlag

GRÄFE UND UNZER
Ein Unternehmen der
GANSKE VERLAGSGRUPPE

Die Autorin

Cornelia Schinharl hat ihre Liebe zum Essen und Trinken zum Beruf gemacht. Seit vielen Jahren bringt sie ihren reichen Erfahrungsschatz als freie Food-Journalistin und Kochbuchautorin zu Papier und ist für dieses Buch in Gedanken nach Indien gereist.

Der Fotograf

Wolfgang Schardt In seinem Studio in Hamburg fotografiert er vor allem Food, Stills und Interieur für Magazine wie FEINSCHMECKER, für Verlage und Werbung. Dabei kann er seine Leidenschaft für gutes Essen täglich aufs Neue ausleben. Mit der Unterstützung von **Maharani E. Pfeiffer** (Foodstyling) und **Janet Hesse** (Fotoassistenz) hat er sein Fotostudio in ein Gewürzparadies verwandelt.

Bildnachweis

Autorenfoto: privat; alle anderen Fotos: Wolfgang Schardt

Titelrezept

Tandoori-Huhn (S. 41)

Umwelthinweis:
Dieses Buch ist auf PEFC-zertifiziertem Papier aus nachhaltiger Waldwirtschaft gedruckt.

QUALITÄTS G|U GARANTIE

Liebe Leserin, lieber Leser,

haben wir Ihre Erwartungen erfüllt? Sind Sie mit diesem Buch zufrieden? Haben Sie weitere Fragen zu diesem Thema? Wir freuen uns auf Ihre Rückmeldung, auf Lob, Kritik und Anregungen, damit wir für Sie immer besser werden können.

GRÄFE UND UNZER Verlag
Leserservice
Postfach 86 03 13
81630 München
E-Mail:
leserservice@graefe-und-unzer.de

Telefon: 00800 / 72 37 33 33*
Telefax: 00800 / 50 12 05 44*
Mo–Do: 9.00 – 17.00 Uhr
Fr: 9.00 – 16.00 Uhr
(gebührenfrei in D, A, CH)*

Ihr GRÄFE UND UNZER Verlag
Der erste Ratgeberverlag – seit 1722.

Backofenhinweis:
Die Backzeiten können je nach Herd variieren. Die Temperaturangaben in unseren Rezepten beziehen sich auf das Backen im Elektroherd mit Ober- und Unterhitze und können bei Gasherden oder Backen mit Umluft abweichen. Details entnehmen Sie bitte Ihrer Gebrauchsanweisung.

Appetit auf mehr?

ISBN 978-3-8338-3772-2

ISBN 978-3-8338-4314-3

ISBN 978-3-8338-3967-2

Laden im App Store

ISBN 978-3-8338-3774-6

ISBN 978-3-8338-4431-7

Alle hier vorgestellten Bücher sind auch als eBook erhältlich.

G|U

Willkommen im Leben.

Mehr von GU auf **www.gu.de** und
facebook.com/gu.verlag

SCHNELLE DESSERTS

Als süßes Finale hat die indische Küche ein paar echte Last-Minute-Highlights in petto, die mit Früchten, Nüssen oder Möhren zudem noch richtig viele gute Nährstoffe liefern.

MANGOCREME

Für 4 Personen: 1 große Mango (ca. 650 g) schälen und das Fruchtfleisch vom Stein schneiden. ½ Bio-Limette heiß waschen und trocken reiben. Die Schale fein abreiben und 1 EL Limettensaft auspressen. Das Mangofruchtfleisch mit der Limettenschale und dem -saft in einem hohen Rührbecher mit dem Stabmixer fein pürieren. 150 g Sahne mit den Quirlen des Handrührgeräts steif schlagen und mit dem Schneebesen unter das Mangopüree ziehen. Die Creme in Schälchen verteilen und jeweils mit etwa 1 TL gehackten Pistazienkernen bestreuen. Dann bis zum Servieren gut zugedeckt in den Kühlschrank stellen.

MÖHRENHALVA

Für 4 Personen: 500 g Möhren putzen, schälen und fein raspeln. 2 grüne Kardamomkapseln aufbrechen, die Samen herauslösen. 375 ml Milch mit den Kardamomsamen und je 1 kräftigen Prise Zimtpulver und geriebener Muskatnuss in einem Topf erhitzen. Möhren, 2 EL Rosinen und 4 EL Zucker dazugeben. Alles bei schwacher Hitze unter häufigem Rühren ca. 15 Min. garen, bis die Möhren weich sind und die Flüssigkeit verdampft ist. 2 EL Ghee (siehe S. 9) in einer Pfanne erhitzen und 4 EL Mandelstifte darin goldgelb anbraten. Das Möhrenhalva in Schälchen verteilen, mit Mandelstiften garnieren und warm oder lauwarm servieren.

PISTAZIEN-MILCHREIS

Für 4 Personen: 100 g Basmatireis mit Wasser bedeckt 30 Min. einweichen. In einem Sieb abtropfen lassen. Die Samen aus 4 grünen Kardamomkapseln in einem Topf ohne Fett leicht anrösten und im Mörser fein zerstoßen. Im Topf 1 EL Butter zerlassen, Reis und ¾ l Milch einrühren. Reis zugedeckt bei sehr schwacher Hitze in ca. 20 Min. weich garen. Dabei ab und zu umrühren. 1 Prise Safranfäden zerreiben und mit 2 EL Milch verrühren. Safranmilch, 4 EL Zucker, 1 EL gehackte Pistazienkerne und den Kardamom unter den Reis rühren. In Schälchen füllen, mit 1 EL gehackten Pistazien und etwas abgeriebener Bio-Limettenschale bestreuen.